Construimos un dron

Seguir instrucciones

Leonard Clasky

COMPUTACIÓN CIENTÍFICA EN EL MUNDO REAL™

Rosen Classroom™

Publicado en 2018 por The Rosen Publishing Group, Inc. 29 East 21st Street, New York, NY 10010

Autor: Leonard Clasky
Traductor: Alberto Jiménez
Directora editorial, español: Nathalie Beullens-Maoui
Editora, español: María Cristina Brusca
Editora, inglés: Caitie McAneney
Diseño del libro: Jennifer Ryder-Talbot

Todas las ilustraciones por Contentra Technologies

Library of Congress Cataloging-in-Publication Data

Names: Clasky, Leonard.
Title: Construimos un dron: Seguir instrucciones / Leonard Clasky.
Description: New York : Rosen Classroom, 2018. | Series: Niños digitales: Superdotados con pensamiento computacional / Computación científica en el mundo real | Includes glossary and index.
Identifiers: LCCN ISBN 9781538358139 (pbk.) | ISBN 9781538329023 (library bound) | ISBN 9781538358146 (6-pack) | ISBN 9781538358153 (ebook)
Subjects: LCSH: Drone aircraft--Juvenile literature.
Classification: LCC TL685.35 C53 2018 | DDC 629.133'39--dc23

Créditos fotográficos: Cubierta, p. 5, 6-7 Dmitry Kalinovsky/Shutterstock.com; p. 8, 10 Viacheslav Lopatin/Shutterstock.com; p. 12-13, 14 Paolo De Gasperis/ Shutterstock.com; p. 16 marekuliasz/Shutterstock.com; p. 18 Aleksandar Grozdanovski/ Shutterstock.com; p. 21 (remote control) Basyn/Shutterstock.com.

Fabricado en Estados Unidos de América

Información de cumplimiento CPSIA Lote #WS18RC: Si desea más información póngase en contacto con Rosen Publishing, New York, New York, teléf. 1-800-237-9932

Contenido

¡Puedes construir cualquier cosa! **4**

¿Qué es un dron? **6**

Kits de drones **9**

El chasis **10**

Los motores **12**

Hélices **15**

Batería **16**

Controlador de vuelo **19**

Receptores y transmisores **20**

Probar el dron **22**

Glosario **23**

Índice **24**

¡Puedes construir cualquier cosa!

¿Alguna vez construiste algo siguiendo instrucciones? A algunas personas les gusta construir modelos de aviones o kits de barcos. Otras prefieren pajareras o casas en los árboles. ¿Es posible que una persona construya algo más **complejo**, como un robot o un dron?

Los robots y los drones son máquinas que completan tareas siguiendo órdenes humanas. Algunos están programados para hacerlo **automáticamente** y otros se manejan por **control remoto**. Los drones también se denominan vehículos aéreos no tripulados (UAV). Vuelan por el cielo, gobernados por humanos. Estas máquinas son complejas, pero no imposibles de fabricar. ¡Se puede construir cualquier cosa, siempre que se tengan las piezas adecuadas, instrucciones claras y **tenacidad**!

¡Puedes enviar tu dron a lo más alto!

¿Qué es un dron?

Hay muchos tipos de drones. Algunos, grandes como aviones, son los que utilizan las fuerzas armadas en tiempos de guerra. Otros son tan pequeños que caben en la palma de la mano.

Los drones pueden sobrevolar un área para tomar fotografías.

Los drones tienen múltiples usos. El ejército de Estados Unidos los utiliza en misiones que puedan ser riesgosas para los pilotos. Los **expertos** en vida silvestre, para estudiar poblaciones y movimientos de animales. Algunos grupos, para encontrar desaparecidos o rastrear una tormenta. Los drones pueden llevar agua, alimentos y medicinas a personas que están atrapadas en un lugar remoto. Muchos tienen cámaras y **sensores** para tomar fotografías, vídeos y datos. ¡Pero también se utilizan por pura diversión!

Este kit viene con el chasis ya montado. Otros kits tienen más partes sueltas que deben montarse.

Kits de drones

Ahora que conoces los drones, es posible que desees construirte el tuyo. Hay varias formas de abordar este desafío. Si quieres construirlo desde cero, deberás ensamblar todas las partes y tener un conocimiento profundo de cómo funciona el conjunto de las piezas.

Si recién comienzas, sería preferible que compraras un kit. Los kits tienen todas las partes necesarias para hacer un dron. Algunos drones se compran listos para volar, otros tienen que ensamblarse. Montar un kit de dron es una gran manera de aprender cómo las diferentes partes trabajan juntas para mantener una máquina en el aire. ¡Lo más importante del kit es el **manual** de instrucciones!

El chasis

Hay drones de múltiples formas y tamaños. Antes de elegir uno, te conviene **investigar** los diferentes chasis.

El cuadracóptero es uno de los drones recreativos más populares. Tiene un chasis en forma de "x" con cuatro hélices. Otros tienen tres, seis u ocho brazos. Para un principiante, el cuadracóptero es una gran opción, por su sencillez y facilidad de uso. Su kit puede venir con una base de apoyo y cuatro brazos sueltos. Es posible que tengas que conectar también los controladores de velocidad electrónicos. Estas partes permiten que el piloto controle la velocidad y la dirección de los motores.

El cuadracóptero tiene cuatro brazos, cada uno conectado a un motor.

Los motores

¿Cuál es el próximo paso para armar tu dron? Como ya elegiste el chasis, es el momento de mirar los motores. ¿Qué son los motores y por qué hacen falta?

Las partes pequeñas de un dron pueden ser difíciles de armar. Es importante mirar las instrucciones y los vídeos instructivos en línea.

Un dron no puede volar sin motores. Estos son las piezas que hacen que una máquina funcione, ya sea un auto, un robot o un dron. Los motores trabajan para que el dron despegue y vuele. Cada hélice necesita un motor para girar, y cada motor debe tener la misma potencia para que vuele de manera uniforme. Para construir un dron desde cero, habría que fabricar o comprar los motores por separado, y conectarlos a los controladores electrónicos.

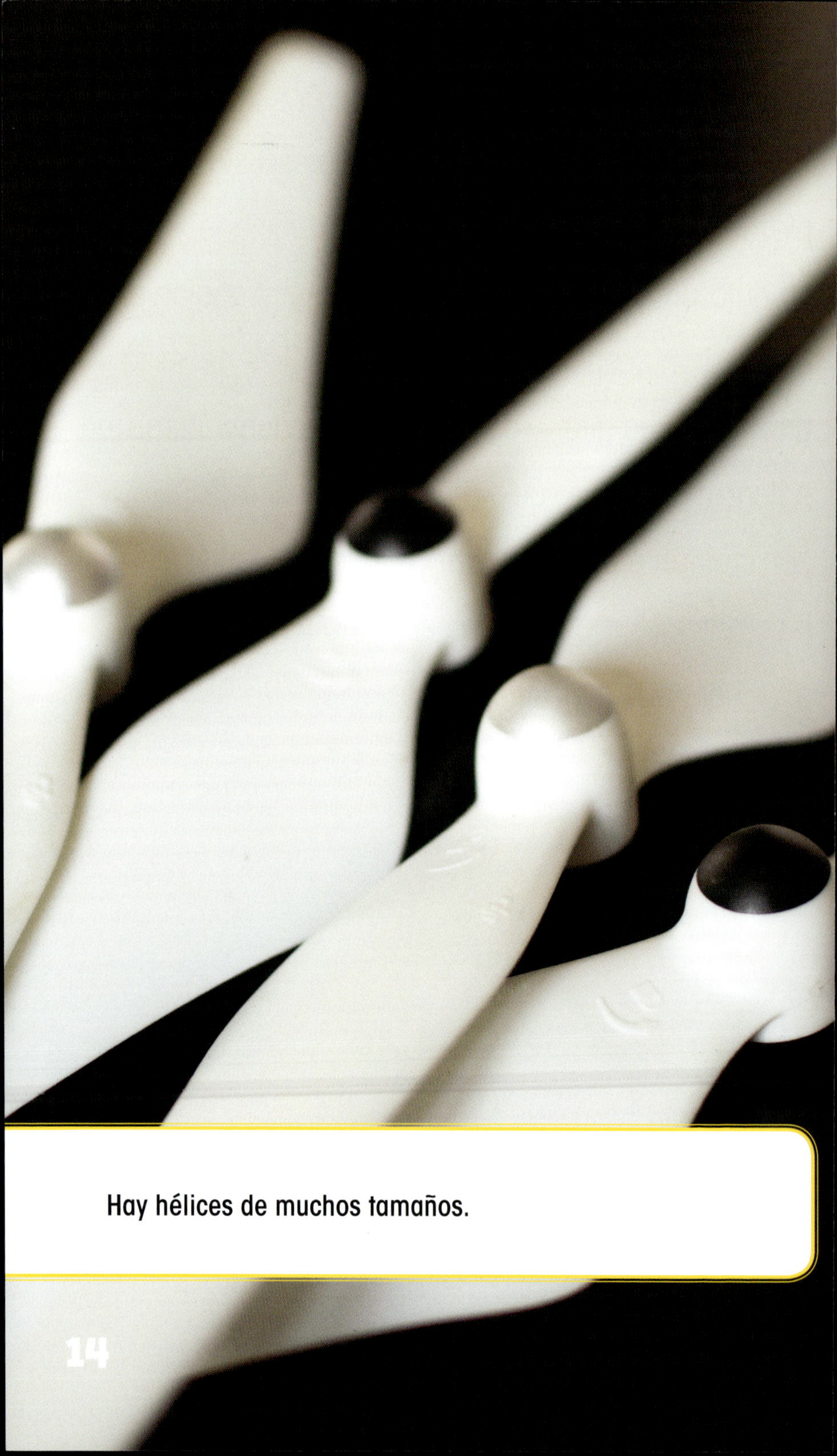

Hay hélices de muchos tamaños.

Hélices

Lo siguiente es conectar las hélices a los motores. Las hélices son aletas largas con capacidad de girar rápidamente. Se conectan a los motores mediante piezas especiales incluidas en el kit. A medida que el motor gira, las hélices también giran, levantan el dron del suelo y lo impulsan, lo mueven hacia adelante. Este empuje hacia adelante se llama *propulsión*.

De momento, habrás visto cómo funcionan todas las piezas juntas. La hélice está conectada al motor, que está conectado al controlador de velocidad electrónico. Siguiendo las instrucciones, ¡estás en camino de terminar su dron! Pero, ¿cuál es la fuente de energía?

Batería

Hasta ahora, elegiste el chasis de tu dron y añadiste controladores de velocidad electrónicos, motores y hélices. ¿Qué viene a continuación en el manual de instrucciones? Es crucial seguir las instrucciones paso a paso.

Lo siguiente es agregar la fuente de alimentación. Como todas las máquinas electrónicas, los drones necesitan una fuente de energía para que su motor funcione. Las fuentes de alimentación incluyen electricidad, energía solar y baterías. Aunque algunos drones funcionan con luz solar, muchos tienen baterías. Casi todos los drones recreativos de control remoto tienen baterías de polímero de litio, que son livianas, potentes y fáciles de recargar. Conecta la batería a tu dron. ¡Has completado otro paso de tu proyecto!

Estas baterías de polímero de litio sirven para alimentar el dron.

El controlador de vuelo es similar a la placa de circuito de una computadora.

Controlador de vuelo

Ahora, debes conectar una de las partes principales del dron: el controlador de vuelo. Esta pieza es como el cerebro del dron, ya que le ordena realizar ciertas tareas.

Consta de un **microprocesador**, sensores y partes que reciben entrada y dan salida. Los sensores indican qué tan rápido va un dron, qué tan alto vuela y en qué dirección se desplaza. Algunos incluso tienen un **GPS**, para localizar dónde están. El controlador de vuelo se comunica con el controlador electrónico de velocidad para mover el motor, que a su vez mueve las hélices. ¡Tu dron está casi listo para surcar los cielos!

Receptores y transmisores

¡Ya tienes tu dron! Sin embargo, no puedes pilotarlo aún. Debes asegurarte de que el **receptor** y los **transmisores** trabajan juntos. Los receptores y los transmisores lo hacen funcionar por control remoto. Tú envías un mensaje desde un transmisor del dispositivo de control remoto a un receptor del dron.

Los canales receptores deben conectarse a los canales correctos del controlador de vuelo. Programar el controlador de vuelo es difícil, pero si sigues las instrucciones, tendrás éxito. ¿Puedes pilotar ya tu dron? Hay un paso más. Debes registrarlo en la Administración Federal de Aviación (FAA). La FAA tiene reglas para utilizar drones que deberías conocer.

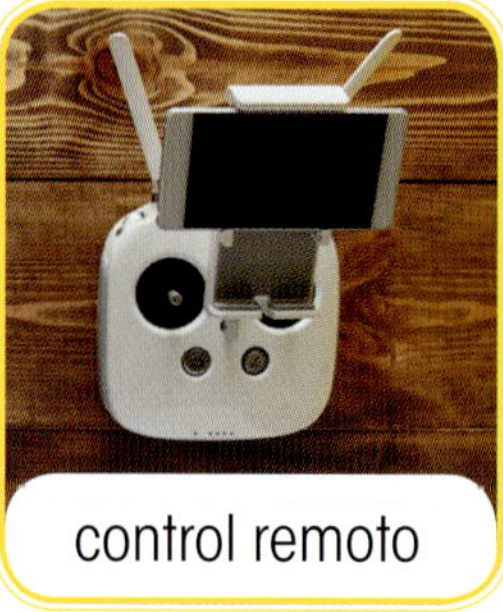

control remoto

Construir un dron

comprar el kit de dron

↓

leer el manual

↓

conectar los controladores de velocidad electrónicos al chasis

↓

montar los brazos en el chasis

↓

conectar motores a controladores de velocidad electrónicos

↓

conectar hélices a motores

↓

conectar la fuente de alimentación

↓

conectar el controlador de vuelo

↓

probar el receptor y el transmisor

↓

registrar el dron en la FAA

↓

probar el dron

Si utilizas un diagrama de flujo como este, te será más fácil construir tu dron.

Probar el dron

Construiste tu dron, programaste el controlador de vuelo, lo registraste en la FAA y aprendiste las normas precisas. ¡Después de todos estos pasos, es hora de probarlo!

Familiarízate con el dispositivo de control remoto: aprende lo que cada botón le ordena hacer al dron. Entonces, pruébalo. ¿Vuela? ¿Sigue las órdenes de tu dispositivo de control remoto como tú planeaste? Si es así, tu dron es un éxito. Si no vuela, debes averiguar qué salió mal. Regresa al manual de instrucciones y mira si te saltaste algo. Si sigues cada paso correctamente, ¡tu dron volará dentro de nada!

Glosario

automático: Que funciona en todo o en parte por sí mismo.

complejo: Compuesto por muchas partes que trabajan juntas.

control remoto: Dispositivo que regula a distancia, normalmente por señales de radio, el funcionamiento de un aparato.

experto: Persona con gran conocimiento de una materia.

GPS: Siglas de *Global Positioning System* (Sistema de Posicionamiento Global). Sistema que utiliza señales de satélite para localizar sitios en la Tierra.

investigar: Estudiar a fondo para encontrar algo nuevo.

manual: Libro que contiene las instrucciones para hacer algo.

microprocesador: Circuito electrónico que maneja información y controla lo que hace una computadora u otro aparato.

receptor: Dispositivo que recibe ondas de radio.

sensor: Herramienta que detecta cambios en sus alrededores.

tenacidad: Persistencia, capacidad de seguir intentando algo pese a los retos.

transmisor: Dispositivo que envía ondas de radio.

Índice

A
Administración Federal de Aviación (FAA), 20, 21, 22
automático, 4
C
complejo, 4
control remoto, 4, 17, 20, 22
cuadracóptero, 11
E
ejército, 7
experto, 7
F
fuente de alimentación, 17, 21
G
GPS, 19
I
instrucciones, 4, 9, 12, 15, 16, 20, 22
investigar, 10
K
kit, 4, 8, 9, 11, 15, 21
M
manual, 9, 16, 21, 22
microprocesador, 19
P
propulsión, 15
R
receptor, 20, 21
recreativo, 11, 17
S
sensor, 7, 19
T
tenacidad, 4
transmisor, 20, 21